LECKERE BACKIDEEN FÜR KINDER

HERZLICH WILLKOMMEN

Wir wünschen Ihnen viel Spaß und Freude mit der „Kinderleichten Becherküche"! Mit diesem Backbuch fördern Sie nicht nur die Eigenständigkeit Ihrer Kinder, sondern unterstützen auch ihre natürliche Neugier durch Erfolgserlebnisse beim Backen.

Kinder lieben es, in der Küche zu helfen und Kuchen selbst zuzubereiten. Mit der „Kinderleichten Becherküche" können jetzt auch schon Vorschulkinder selbstständig backen und erleben, wie Muffins mit „natürlichen" Lebensmitteln hergestellt werden.

Mit den unterschiedlich großen und farbigen Bechern gelingt es den Kindern eigenständig, die Zutaten abzumessen und einen Teig herzustellen.

In einer übersichtlichen Bild-für-Bild-Anleitung wird jeder einzelne Schritt dargestellt und führt so die Kinder durch das Rezept.

Mit dieser Herangehensweise an das Backen lernt ihr Kind den Umgang mit Zahlen und Mengen, eine Reihenfolge einzuhalten sowie zu ordnen und zu sortieren. Auch wenn das selbstständige Zubereiten im Vordergrund steht, können Sie Ihrem Kind natürlich gern Hilfestellungen geben, sollte es einmal nicht weiterwissen.

Probieren Sie jetzt die „Kinderleichte Becherküche" aus und lassen Sie Ihr Kind viele schöne Erfahrungen sammeln!

Viel Spaß!

Birgit Wenz

Die Idee zum Buch „Kinderleichte Becherküche" hatte Birgit Wenz während ihrer Elternzeit. Die Erzieherin ist Mutter von zwei Söhnen und so liegen ihr Ernährungserziehung und die Förderung von Eigenständigkeit sowohl beruflich als auch privat sehr am Herzen.

Seit über zehn Jahren betreut Birgit Wenz Kinder im Vorschulalter und hat oft viel Zeit in die Vorbereitung von Koch- und Backangeboten investiert. Mit ihrem Konzept möchte sie jetzt nicht nur Kindertageseinrichtungen, sondern auch Familien begeistern. Unterstützung erhält sie dabei von ihrem Mann Stefan Wenz, der sich um den Vertrieb und das Marketing kümmert. Zusammen sind sie ein unschlagbares Team!

DIE HÖHLE DER LÖWEN

KÜCHENHITS FÜR KIDS – EINE ERFOLGSSERIE!

Auf der Suche nach einem Kapitalgeber für die Umsetzung der „Kinderleichten Becherküche" wagte Birgit Wenz den mutigen Schritt und stellte ihr Kinderbackbuch in der Gründer-Show „Die Höhle der Löwen" beim Fernsehsender VOX vor.

Hier bekommen Erfinder und Unternehmensgründer die einmalige Gelegenheit, ihre innovativen Geschäftsideen vor finanzstarken Investoren zu präsentieren und sie davon zu überzeugen, in ihr Start-up zu investieren und sie mithilfe ihres Wissens und ihrer Erfahrung fachlich zu begleiten.

Birgit Wenz nutzte ihre Chance, konnte die Unternehmer von sich überzeugen und vor allem Investor Ralf Dümmel mit ihrem Konzept begeistern - ein Konzept, auf das die kleinen und großen Bäckerinnen und Bäcker schon lange gewartet haben!

INHALT

9 UMGANG MIT DER KINDERLEICHTEN BECHERKÜCHE

15 APFELKUCHEN

27 KÄSEKUCHEN

39 MARMORKUCHEN

51 ZITRONENMUFFINS

63 NUSSKUCHEN

73 AMERIKANER

85 CUPCAKES

99 NUSS-NOUGAT-KUCHEN

109 WAFFELN

117 PIZZA-GESICHTER

EINFACHES
ZUTATENABMESSEN
MIT FARBIGEM
BECHER-SET

UMGANG MIT DER KINDERLEICHTEN BECHERKÜCHE

Aufbau des Buches

Jedes der 10 Rezepte besteht aus einer Rezeptübersicht mit Zutaten- und Materialliste und einer mehrseitigen Schritt-für-Schritt-Bildanleitung, in der alle Einzelschritte dargestellt sind.

Vorbereitung

Alle Zutaten aus der jeweiligen Rezeptübersicht in ausreichender Menge bereitstellen, ohne diese vorher abzuwiegen. Beispiel: für 600 g Mehl eine ganze Packung Mehl (1 kg) bereitstellen. Das Material aus der Rezeptübersicht vorbereiten.

Anleiten des Kindes

Der Erwachsene und das Kind betrachten den 1. Arbeitsschritt und besprechen diesen. Nachdem das Kind die Aufgabe verstanden hat, soll es den Auftrag selbstständig ausführen. Die Aufgabe des Erwachsenen ist es, sich begleitend im Hintergrund zu halten und lediglich Hilfestellung zu geben, wenn das Kind allein nicht mehr weiterkommt. Mit den weiteren Arbeitsschritten wird ebenso verfahren.

Beim Umgang mit Elektrogeräten muss das Kind jedoch sorgfältig von Erwachsenen beaufsichtigt werden. Auch die Bedienungsanleitungen der jeweiligen Elektrogeräte müssen beachten werden!

RATGEBER ZUTATEN

Milch
Stets zimmerwarme Milch verwenden, ca. 23 °C

Wasser
Immer lauwarmes Wasser verwenden, ca. 35 °C

Eier
Entsprechen der Größe M

Butter / Margarine
Die Butter bzw. Margarine frühzeitig vor dem Backen aus dem Kühlschrank nehmen. Bei Zimmertemperatur lässt sich diese einfacher verarbeiten und verbindet sich so am besten mit den anderen Zutaten.

Nuss-Nougat-Creme
Achten Sie beim Einkauf darauf, eine Nuss-Nougat-Creme (z. B. Nusspli) mit 200 g Füllmenge zu kaufen.

ABMESSEN DER ZUTATEN

Mehl

Zum einfachen Abmessen das Mehl in einen großen Vorratsbehälter füllen. Den Messbecher gehäuft mit Mehl füllen. Anschließend mit einem Messer überschüssiges Mehl abstreifen, damit der Becher randvoll gefüllt ist.

Weitere Zutaten

Den passenden Becher stets bis zum Rand füllen. Es gibt keinen Eichstrich oder Ähnliches.

HINWEISE

Vorsicht beim Umgang mit Elektrogeräten!

Es liegt im Ermessen des Erwachsenen, inwieweit das Kind selbstständig das Rührgerät oder das Waffeleisen benutzen darf. Ebenso entscheidet der Erwachsene über den Umgang mit dem heißen Backofen. Allerdings müssen auch die Anweisungen in den Bedienungsanleitungen der jeweiligen Elektrogeräte, insbesondere hinsichtlich der Bedienung durch Kinder, beachtet werden!

Backofen

Die Temperatur des Backofens ist immer auf Ober- und Unterhitze ausgelegt. Der Rost oder das Backblech gehören immer in die unterste Schiene im Ofen.

APFELKUCHEN

Ergibt 1 Blech • Zubereitungszeit ca. 45 min
Backzeit 30 min

ZUTATEN

420 g Weizenmehl

200 g Zucker

250 g Margarine

6 Eier

100 g gehobelte Mandeln

2 Päckchen Vanillezucker

1 Päckchen Backpulver

1 Zitrone

6 Äpfel (ca. 1 kg)

MATERIAL

- Becherset
- Wecker
- Rührschüssel
- Glas zum Eiaufschlagen
- Rührgerät mit Rührbesen
- Messer und Löffel
- Obstmesser und -schäler
- Schere
- Zitronenpresse
- Backblech mit Backpapier
- Topflappen

1

Eine Packung Margarine in die Schüssel geben.

2

Zwei rote Becher Zucker auf die Margarine streuen.

3

Zwei Päckchen Vanillezucker hinzufügen.

4

Sechs Eier aufschlagen und in die Rührschüssel geben.

5

Die Zutaten mit dem Rührgerät mit Rührbesen 5 Minuten geschmeidig rühren.

6

Den Saft einer Zitrone in die Schüssel geben.

7

Sechs rote Becher Mehl
in die Schüssel geben.

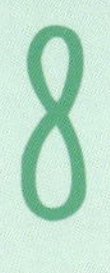

Ein Päckchen Backpulver
auf das Mehl streuen.

9

Die Zutaten mit dem Rührgerät mit Rührbesen zu einem glatten Teig verrühren.

10

Sechs Äpfel schälen und das Kerngehäuse entfernen.

11

Die Äpfel in kleine Stücke schneiden und in die Schüssel geben. Die Apfelstückchen unterheben.

12

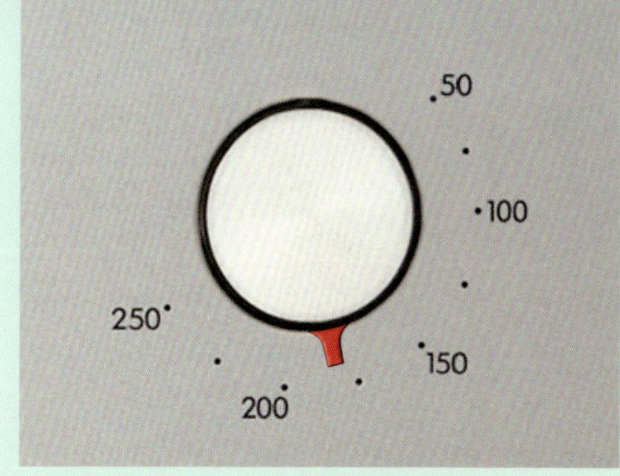

Den Backofen auf 180 °C Ober-/Unterhitze vorheizen.

13

Das Backblech mit Backpapier belegen.

Den Teig auf dem Backblech verteilen.

15

Zwei rote Becher Mandeln
auf den Teig streuen.

16

Das Blech in den Ofen schieben.
Den Wecker auf 30 Minuten einstellen
und den Kuchen backen.

17

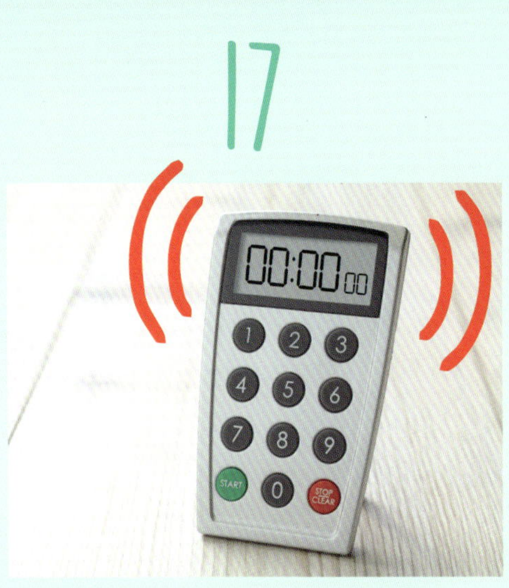

Wenn der Wecker ertönt, den fertigen Kuchen mit Topflappen aus dem Ofen nehmen.
Fertig!

Sweet Apple

KÄSEKUCHEN

Ergibt 1 Kuchen • Zubereitungszeit ca. 30 min
Back- und Auskühlzeit 120 min

ZUTATEN

140 g Weizenmehl

200 g Zucker

250 g Margarine

6 Eier

1 kg Magerquark

2 Päckchen Vanillezucker

Backpulver

Margarine zum Einfetten

MATERIAL

- Becherset
- Wecker
- Rührschüssel
- Glas zum Eiaufschlagen
- Rührgerät mit Rührbesen
- Messer und Löffel
- Runde Kuchenform
- Topflappen

1

Zwei Packungen Speisequark in die Rührschüssel geben.

2

Sechs Eier aufschlagen und hinzufügen.

3

Zwei rote Becher Mehl in die Schüssel geben.

4

Eine Packung Margarine dazugeben.

5

Zwei rote Becher Zucker in die Schüssel geben.

Zwei gelbe Löffel Backpulver hinzufügen.

7

Zwei Päckchen Vanillezucker einstreuen.

8

Alle Zutaten verrühren, bis eine gebundene Masse entstanden ist.

9

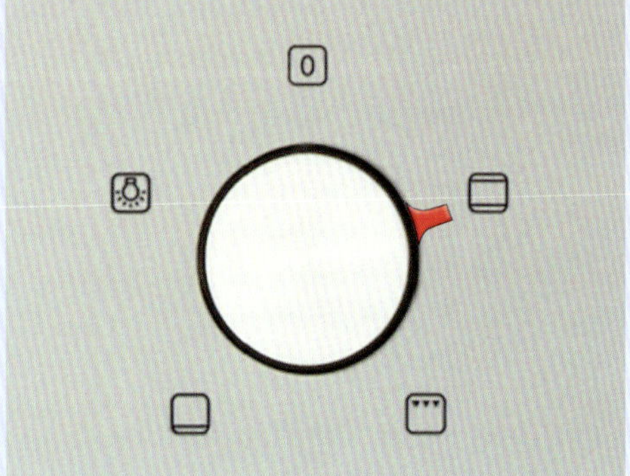

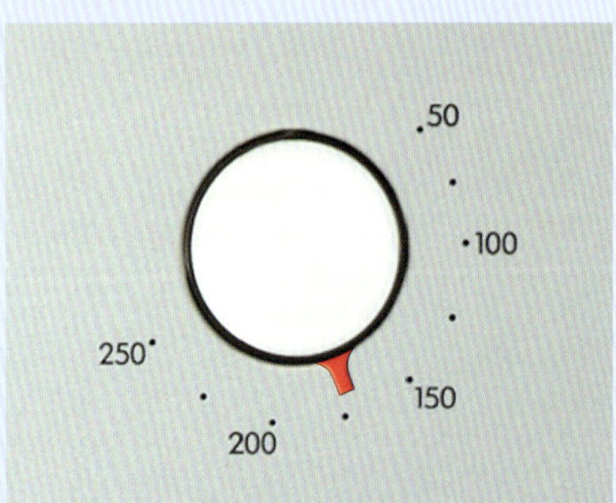

Den Backofen auf 170 °C
Ober-/Unterhitze vorheizen.

10

Die Backform mit etwas
Margarine einfetten.

11

Den Teig in die Form füllen
und glatt streichen.

12

Die Form auf dem Rost in den
vorgeheizten Ofen schieben.
Den Wecker auf 20 Minuten einstellen
und den Kuchen backen.

13

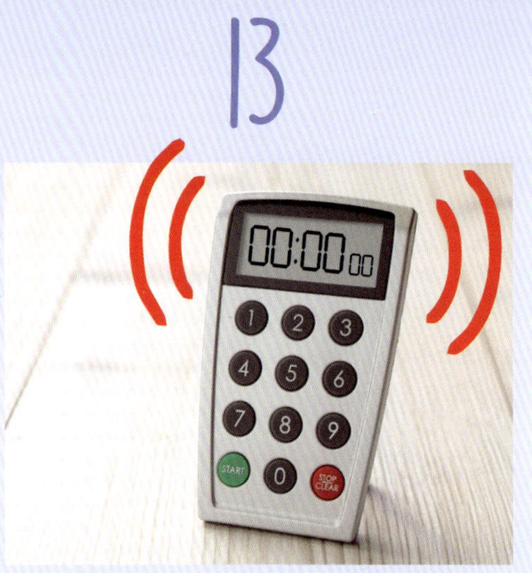

Wenn der Wecker ertönt, den Kuchen mit Topflappen aus dem Ofen nehmen.

Mit einem Messer den Kuchen vom Rand der Form lösen. Den Timer auf 15 Minuten einstellen und den Käsekuchen außerhalb des Ofens ruhen lassen.

15

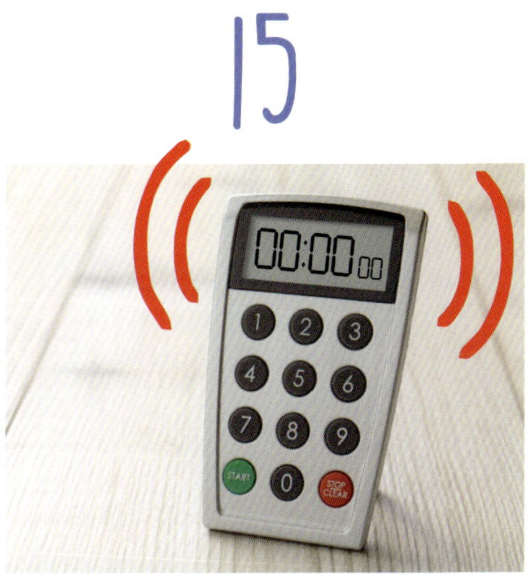

Wenn der Wecker klingelt, den Kuchen wieder in den Ofen schieben und weitere 25 Minuten backen.

16

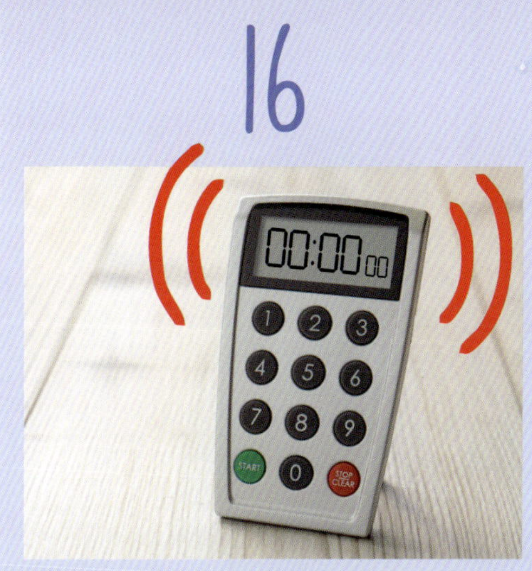

Wenn der Wecker ertönt, den Ofen ausschalten.

17

Den Wecker auf 60 Minuten einstellen und den Kuchen so lange im geschlossenen Ofen abkühlen lassen.

18

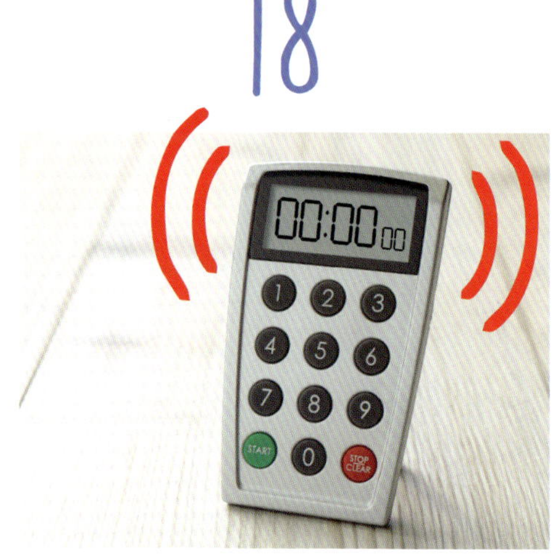

Wenn der Wecker ertönt, den fertigen Kuchen mit Topflappen aus dem Ofen nehmen.
Fertig!

MARMORKUCHEN

Ergibt 1 Kuchen • Zubereitungszeit ca. 30 min
Backzeit 60 min

ZUTATEN

420 g Weizenmehl

200 g Zucker

5 Eier

250 ml Öl

125 ml Wasser

1 Päckchen Vanillezucker

1 Päckchen Backpulver

Kakao

MATERIAL

- Becherset
- Wecker
- Rührschüssel
- Glas zum Eiaufschlagen
- Rührgerät mit Rührbesen
- Messer, Gabel und Löffel
- Backpapier
- Kastenform
- Topflappen

1

Fünf Eier aufschlagen und in die Rührschüssel geben.

Ein Päckchen Vanillezucker hinzufügen.

3

Zwei rote Becher Zucker auf die Eier streuen.

4

Die Zutaten mit dem Rührgerät mit Rührbesen 5 Minuten schaumig schlagen.

5

Sechs rote Becher Mehl dazugeben.

Ein Päckchen Backpulver in die Schüssel geben.

Zwei rote Becher Öl in die Schüssel gießen.

Einen roten Becher Wasser dazugeben.

9

Alle Zutaten mit dem Rührgerät mit Rührbesen zu einem glatten Teig verrühren.

10

Den Backofen auf 180 °C Ober-/Unterhitze vorheizen.

11

Das Backpapier in die Kuchenform legen.

Die Hälfte des Teiges in die Backform füllen.

13

Einen orangen Becher Kakao in die Rührschüssel geben.

14

Den Kakao mit dem Teig verrühren.

15

Den dunklen Teig ebenfalls in die Form füllen.

16

Die Gabel spiralförmig durch den Teig ziehen, um ein Marmormuster zu erzielen.

17

Die Backform auf dem Rost in den vorgeheizten Backofen schieben. Den Wecker auf 60 Minuten einstellen und den Kuchen backen.

18

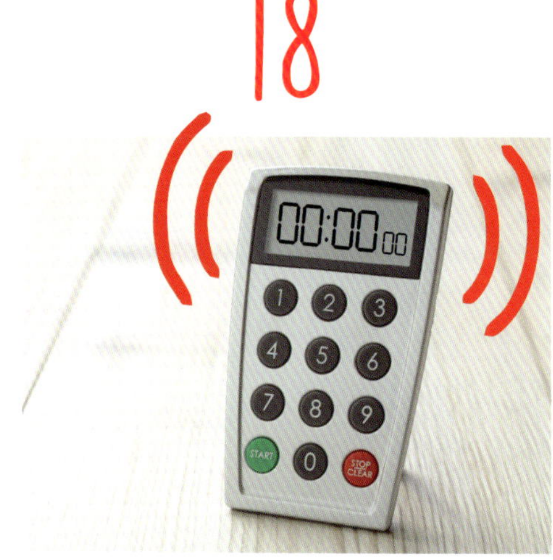

Wenn der Wecker ertönt, den fertigen Kuchen mit Topflappen aus dem Ofen nehmen.
Fertig!

ZITRONENMUFFINS

Ergibt 18 Stück • Zubereitungszeit ca. 45 min
Backzeit 25 min

MATERIAL

- Becherset
- Wecker
- Rührschüssel
- Glas zum Eiaufschlagen
- Rührgerät mit Rührbesen
- Papierförmchen
- Schüssel für Guss
- Messer und Gabel
- Schere
- Pinsel
- Muffins-Form
- Topflappen

ZUTATEN

280 g Weizenmehl

200 g Zucker

4 Eier

200 ml Sahne

Zitronenschale

1 Päckchen Vanillezucker

1 Päckchen Backpulver

VERZIERUNG

250 g Puderzucker

Zitronensaft

Gummibären

1

Vier Eier aufschlagen und in die Rührschüssel geben.

2

Ein Päckchen Vanillezucker hinzufügen.

3

Zwei rote Becher Zucker auf die Eier streuen.

4

Die Zutaten mit dem Rührgerät mit Rührbesen 5 Minuten schaumig schlagen.

5

Einen Becher Sahne in die Schüssel gießen.

6

Vier rote Becher Mehl hinzufügen.

7

Ein Päckchen Backpulver hinzufügen.

8

Einen gelben Löffel geriebene Zitronenschale in die Schüssel geben.

9

Alle Zutaten verrühren, bis ein lockerer Teig entstanden ist.

10

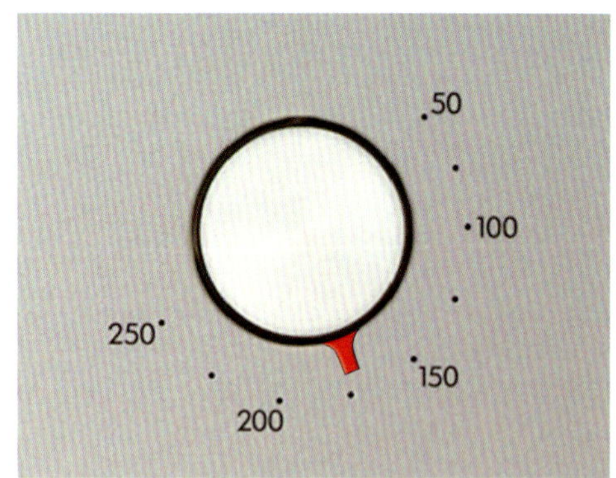

Den Backofen auf 170 °C Ober- / Unterhitze vorheizen.

11

Die Papierförmchen in die Muffins-Form legen.

Den Teig mit dem orangen Becher auf die Förmchen verteilen.

13

Die Form auf dem Rost in den vorgeheizten Backofen schieben. Den Wecker auf 25 Minuten einstellen und die Muffins backen.

14

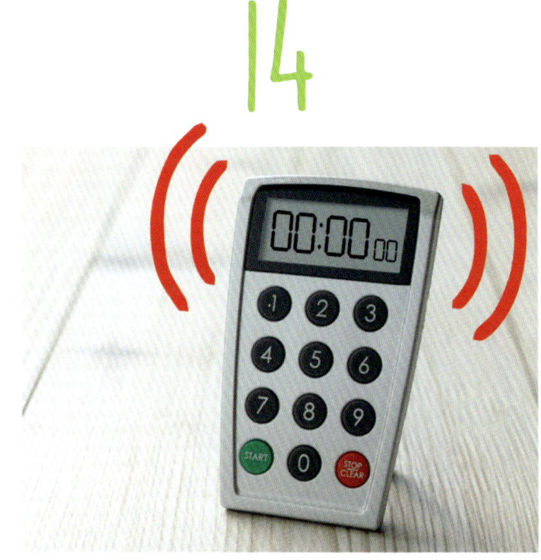

Wenn der Wecker ertönt, das Backwerk in der Muffins-Form mit Topflappen aus dem Ofen nehmen.

15

Eine Packung Puderzucker in die Schüssel füllen.

Zwei orange Becher Zitronensaft auf den Puderzucker gießen.

17

Die Zutaten mit der Gabel zu einer glatten, dicken Glasur rühren.

18

Die Muffins mit der Zuckerglasur bestreichen.

19

Die Muffins mit
Gummibären verzieren.
Fertig!

NUSSKUCHEN

Ergibt 1 Kuchen • Zubereitungzeit ca. 30 min
Backzeit 60 min

ZUTATEN

280 g Weizenmehl

200 g Zucker

250 g Butter

4 Eier

200 g gemahlene Haselnüsse

125 ml Milch

1 Päckchen Backpulver

Margarine zum Einfetten

MATERIAL

- Becherset
- Wecker
- Rührschüssel
- Glas zum Eiaufschlagen
- Rührgerät mit Rührbesen
- Messer und Löffel
- Gugelhupfform
- Topflappen

1

Vier Eier aufschlagen und in die Rührschüssel geben.

2

Zwei rote Becher Zucker auf die Eier streuen.

3

Die Zutaten mit dem Rührgerät mit Rührbesen 5 Minuten schaumig schlagen.

4

Die Butter klein schneiden und in die Schüssel geben.

5

Vier rote Becher Mehl hinzufügen.

6

Ein Päckchen Backpulver in die Schüssel geben.

7

Vier rote Becher gemahlene Haselnüsse dazugeben.

Einen roten Becher Milch in die Schüssel gießen.

9

Die Zutaten mit dem Rührgerät mit Rührbesen zu einem Teig verrühren.

10

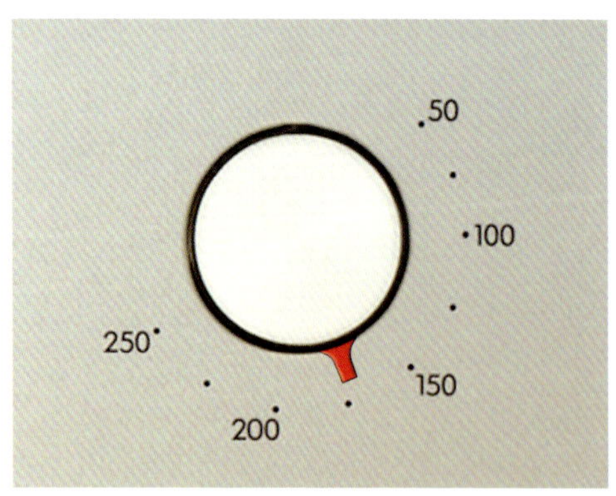

Den Backofen auf 170 °C Ober- / Unterhitze vorheizen.

11

Die Kuchenform mit etwas Margarine einfetten.

12

Den Teig in die Form füllen.

13

Die Form auf dem Rost in den vorgeheizten Ofen schieben. Den Wecker auf 60 Minuten einstellen und den Kuchen backen.

14

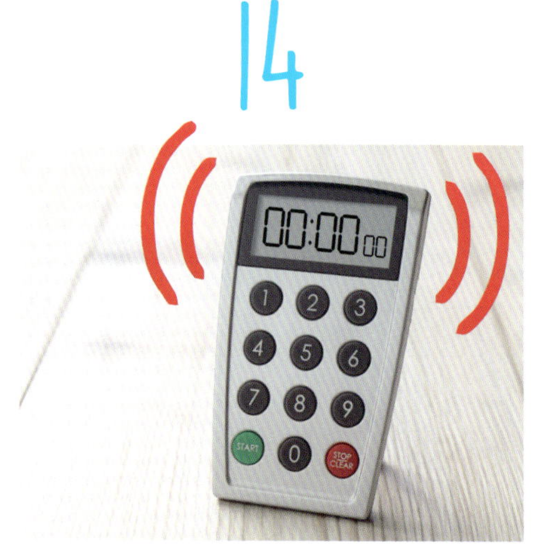

Wenn der Wecker ertönt,
den fertigen Kuchen mit Topflappen
aus dem Ofen nehmen.
Fertig!

AMERIKANER

Ergibt 14 Stück • Zubereitungszeit ca. 60 min
Backzeit 15 min

MATERIAL

- Becherset
- Wecker
- Rührschüssel
- Schüssel für Zuckerguss
- Rührgerät mit Knethaken
- Messer, Gabel und Löffel
- Pinsel
- Spritzbeutel
- Blech mit Backpapier
- Topflappen

ZUTATEN

490 g Weizenmehl

200 g Zucker

250 g Margarine

4 Eier

2 Päckchen Puddingpulver
Vanillegeschmack

2 Päckchen Vanillezucker

1 Päckchen Backpulver

90 ml Orangensaft

VERZIERUNG

250 g Puderzucker

Zitronensaft

Schokolinsen

Zuckerstreusel

1

Eine Packung Margarine in die Schüssel geben.

2

Zwei rote Becher Zucker auf die Margarine streuen.

3

Zwei Päckchen Vanillezucker hinzufügen.

4

Vier Eier aufschlagen und in die Rührschüssel geben.

5

Zwei Päckchen Puddingpulver in die Schüssel geben.

6

Ein Päckchen Backpulver hinzufügen.

7

Sieben rote Becher Mehl in die Schüssel geben.

8

Drei orange Becher Orangensaft in die Schüssel gießen.

9

Alle Zutaten verrühren, bis eine gebundene Masse entstanden ist.

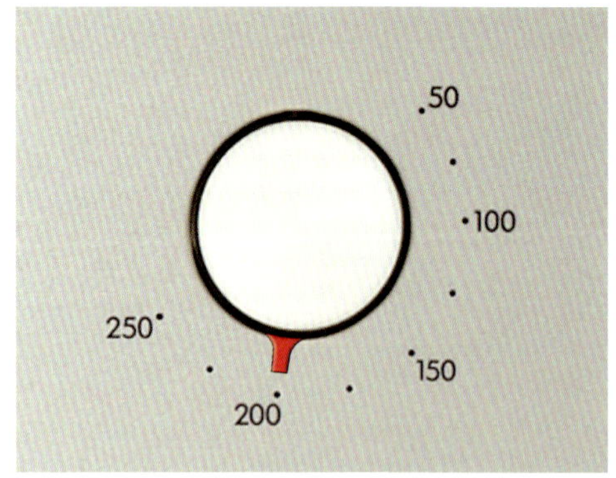

Den Backofen auf 200 °C Ober-/Unterhitze vorheizen.

11

Das Backblech mit Backpapier belegen.

12

Den Teig in einen Spritzbeutel einfüllen.

13

Kleine Teighäufchen mit viel Abstand auf das Backpapier spritzen.

Das Backblech in den Ofen schieben. Den Wecker auf 15 Minuten einstellen und die Amerikaner backen.

15

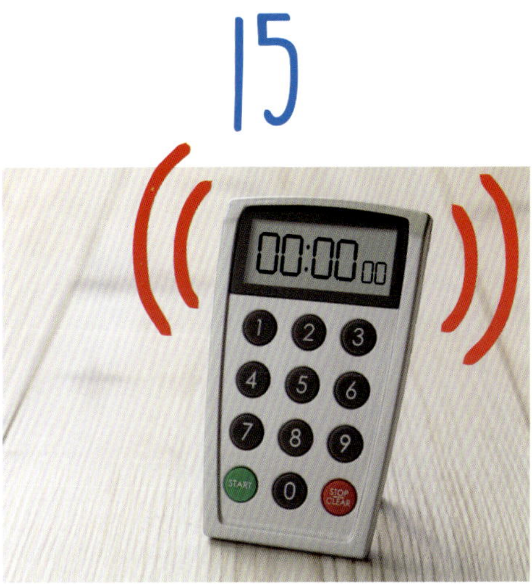

Wenn der Wecker ertönt, die Amerikaner auf dem Backblech mit Topflappen aus dem Ofen nehmen.

16

Eine Packung Puderzucker in die Schüssel füllen.

17

Zwei orange Becher Zitronensaft auf den Puderzucker gießen.

18

Die Zutaten mit der Gabel zu einer glatten, dicken Glasur rühren.

19

Das Backwerk mit der Zuckerglasur bestreichen.

20

Die Amerikaner mit Schokolinsen und Zuckerstreuseln verzieren.

CUPCAKES

Ergibt 18 Stück • Zubereitungszeit ca. 60 min
Backzeit 25 min

MATERIAL

- Becherset
- Wecker
- Rührschüssel
- Schüssel für das Topping
- Glas zum Eiaufschlagen
- Rührgerät mit Rührbesen
- Messer und Löffel
- Schere
- Spritzbeutel
- Muffins-Form
- Papierförmchen
- Topflappen

ZUTATEN

280 g Weizenmehl

100 g Zucker

250 g Margarine

4 Eier

100 g gemahlene Mandeln

2 Päckchen Vanillezucker

Backpulver

125 ml Orangensaft

VERZIERUNG

70 g Puderzucker

200 g Doppelrahm-frischkäse

250 g Magerquark

Zuckerperlen

1

Einen Becher Margarine in die Schüssel geben.

2

Einen roten Becher Zucker auf die Margarine streuen.

3

Zwei Päckchen Vanillezucker hinzufügen.

4

Vier Eier aufschlagen und in die Rührschüssel geben.

Die Zutaten mit dem Rührgerät mit Rührbesen 5 Minuten zu einem geschmeidigen Teig rühren.

6

Vier rote Becher Mehl in die Schüssel geben.

Zwei gelbe Löffel Backpulver hinzufügen.

Zwei rote Becher gemahlene Mandeln dazugeben.

9

Einen roten Becher Orangensaft in die Schüssel gießen.

10

Alle Zutaten verrühren, bis eine gebundene Masse entstanden ist.

11

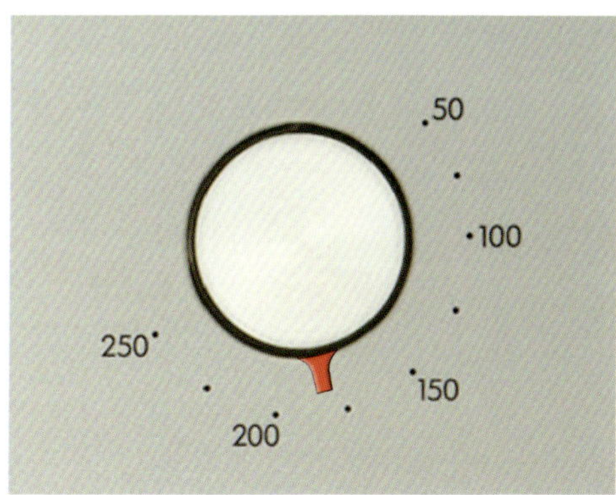

Den Backofen auf 180 °C Ober- / Unterhitze vorheizen.

Die Papierförmchen in die Muffins-Form legen.

13

Den Teig mit dem orangen Becher auf die Förmchen verteilen.

14

Die Form auf dem Rost in den vorgeheizten Backofen schieben. Den Wecker auf 25 Minuten einstellen und die Cupcakes backen.

15

Wenn der Wecker ertönt, das fertige Backwerk mit Topflappen aus dem Ofen nehmen.

Eine Packung Doppelrahmfrischkäse in die Schüssel geben.

17

Ein Packung Quark hinzufügen.

18

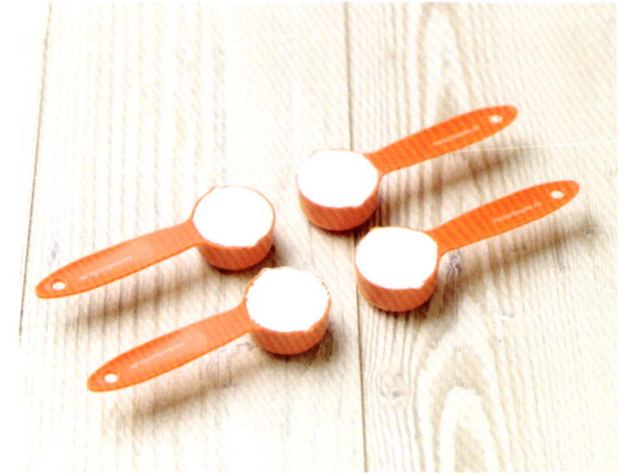

Vier orange Becher Puderzucker dazugeben.

19

Die Zutaten mit dem Rührgerät mit Rührbesen zu einer geschmeidigen Masse rühren.

20

Die Quark-Käse-Masse in den Spritzbeutel füllen und die Cupcakes damit verzieren.

21

Die Cupcakes mit
Zuckerperlen verzieren.
Fertig!

NUSS-NOUGAT-KUCHEN

Ergibt 1 Kuchen • Zubereitungszeit ca. 40 min • Backzeit 30 min

MATERIAL

- Becherset
- Wecker
- Rührschüssel
- Glas zum Eiaufschlagen
- Schere
- Schüssel für Schokoglasur
- Rührgerät mit Rührbesen
- Messer und Löffel
- Backblech mit Backpapier
- Wasserkocher
- Topflappen

ZUTATEN

210 g Weizenmehl

200 g Zucker

250 g Margarine

6 Eier

200 g gemahlene Haselnüsse

200 g Nuss-Nougat-Creme

2 Päckchen Vanillezucker

1 Päckchen Backpulver

VERZIERUNG

Bunte Streusel

Kuchenglasur

1

Eine Packung Margarine in die Schüssel geben.

2

Die Nuss-Nougat-Creme hinzufügen.

3

Sechs Eier aufschlagen und in die Schüssel geben.

4

Die Zutaten mit dem Rührgerät mit Rührbesen 5 Minuten geschmeidig rühren.

5

Zwei rote Becher Zucker in die Schüssel geben.

Zwei Päckchen Vanillezucker hinzufügen.

7

Drei rote Becher Mehl dazugeben.

Vier rote Becher gemahlene Haselnüsse in die Schüssel geben.

9

Ein Päckchen Backpulver
auf die Nüsse streuen.

10

Alle Zutaten verrühren, bis eine
gebundene Masse entstanden ist.

11

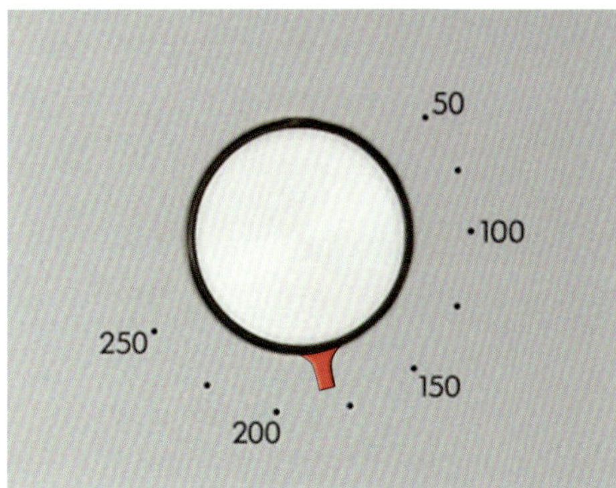

Den Backofen auf 180 °C Ober- / Unterhitze vorheizen.

12

Den Teig auf einem mit Backpapier belegten Blech verteilen.

13

Das Blech in den Ofen schieben.
Den Wecker auf 30 Minuten einstellen
und den Kuchen backen.

14

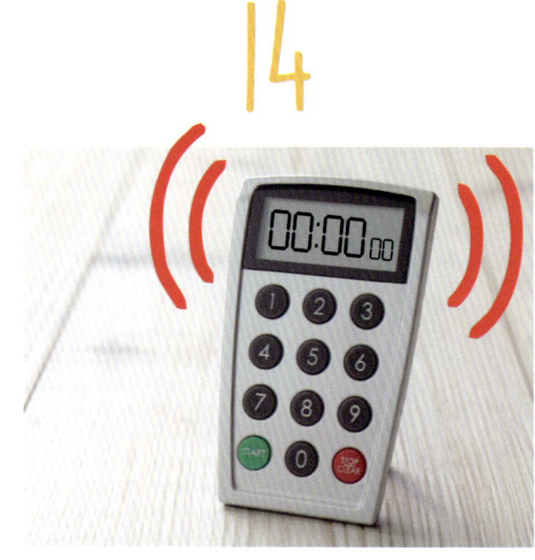

Wenn der Wecker klingelt, den
fertigen Kuchen mit Topflappen aus
dem Ofen nehmen.

15

Die Schokoglasur in heißes Wasser legen. Anschließend die geschmolzene Schokolade auf dem Kuchen verteilen.

16

Den Kuchen mit Zuckersteuseln dekorieren. Fertig!

WAFFELN

Ergibt 18 Stück • Zubereitungszeit ca. 20 min
Backzeit 3 min

ZUTATEN

490 g Weizenmehl

200 g Zucker

250 g Margarine

6 Eier

Backpulver

500 ml Milch

VERZIERUNG

Puderzucker

MATERIAL

- Becherset
- Rührschüssel
- Glas zum Eiaufschlagen
- Rührgerät mit Rührbesen
- Messer, Löffel und Gabel
- Waffeleisen
- Topflappen

1

Sechs Eier aufschlagen und in die Schüssel geben.

2

Zwei rote Becher Zucker hinzufügen.

3

Die Zutaten mit dem Rührgerät mit Rührbesen 5 Minuten schaumig schlagen.

4

Eine Packung Margarine in die Schüssel geben.

5

Zwei gelbe Löffel Backpulver hinzugeben.

6

Sieben rote Becher Mehl in die Schüssel geben.

Vier rote Becher Milch
auf das Mehl gießen.

Alle Zutaten zu einem geschmeidigen
Teig rühren.

9

Einen roten Becher Teig in das Waffeleisen gießen. Den Deckel des Gerätes schließen.

10

Die leicht gebräunte Waffel mit der Gabel aus dem Waffeleisen nehmen und auf einen Teller legen.

11

Die Waffel mit Puderzucker bestäuben.
Fertig!

PIZZA-GESICHTER

Ergibt 12 Stück • Zubereitungs- und Ruhezeit ca. 60 min
Backzeit 30 min

ZUTATEN

420 g Weizenmehl

60 ml Öl

1 Würfel Hefe

Salz

lauwarmes Wasser

BELAG

Tomatensoße

200 g geriebener Käse

VERZIERUNG

Gerne können Sie die Pizzen mit Ihren Lieblingszutaten belegen

MATERIAL

- Becherset
- Wecker
- Rührschüssel
- Tuch zum Abdecken der Schüssel
- Rührgerät mit Knethaken
- Messer und Löffel
- Schere
- Backblech mit Papier
- Topflappen

1

Einen Würfel Hefe zerbröseln und in die Schüssel streuen.

Zwei rote Becher lauwarmes Wasser über die Hefe gießen.

3

Sechs rote Becher Mehl hinzufügen.

4

Zwei gelbe Löffel Salz in die Schüssel geben.

5

Zwei orange Becher Öl auf das Mehl gießen.

6

Alle Zutaten mit dem Rührgerät mit Knethaken 5 Minuten vermischen und zu einem festen, glatten Teig rühren.

7

Die Schüssel mit einem Tuch bedecken. Den Wecker auf 30 Minuten einstellen und den Teig so lange ruhen lassen.

8

Wenn der Wecker ertönt, den Teig aus der Schüssel nehmen.

9

Den Backofen auf 200 °C Ober- / Unterhitze vorheizen.

10

Den Teig auf die Arbeitsfläche legen und in 12 gleich große Stücke teilen.

11

Die Teiglinge auf das mit Backpapier belegte Backblech legen und flach drücken.

12

Auf jeder Mini-Pizza einen orangen Becher Tomatensoße verteilen.

13

Den geriebenen Käse auf den Pizzen verteilen und je nach Geschmack mit weiteren Zutaten belegen.

Das Blech mit den Mini-Pizzen in den Ofen schieben. Den Wecker auf 30 Minuten einstellen und die Pizzen backen.

15

Wenn der Wecker ertönt, die gebackenen Mini-Pizzen auf dem Blech mit Topflappen aus dem Ofen nehmen. Fertig!

VERZIERUNG

Gerne können Sie die Pizzen mit Ihren Lieblingszutaten belegen

IMPRESSUM

Autorin
Birgit Wenz

Verlag
Stefan Wenz – Becherkueche.de
79288 Gottenheim
info@becherkueche.de
www.becherkueche.de

Vermarktung & Vertrieb
DS Produkte GmbH
Stormarnring 14
22145 Stapelfeld
www.dspro.de

Layout
Goldfieber Werbeagentur, Freiburg
www.goldfieber.com

Fotografie
Flashpointstudio GbR, Freiburg
www.flashpointstudio.de

2. Auflage Juli 2024
ISBN 978-3-9816172-7-6